ホットサンド　54のレシピと物語

Hot Sandwiches 54 recipes & stories

堀田貴之

はさんで焼けば、自由のかおり

　ホットサンドは、どこまでも個人的で、きわめて間に合わせの感がする食べ物だ。前日の残りものや、冷蔵庫のなかにたまたまある材料を使って、想像力をいっぱいに働かせながら、どこまでもおいしいサンドウィッチを自分のために作る。ぼくはこの作業が、好きだ。

　できあがったホットサンドを見た瞬間、口にあふれるつばのように、楽しい興奮が心のなかに充満してくる。そんなホットサンドを作りたい、といつも思っている。

　でも実のところ、はさんで焼けばたいていのものはおいしくなるので、心配はない。それに、焼いている途中には自由のかおりしてくるので、ホットサンドを焼く作業は楽しくないわけがない。

　この本では、54のレシピを並べてみた。ホットサンドを焼く人たちの参考になればいいな、と選んだレシピだ。が、当たり前のことながら、レシピは無限にある。一見ごった煮的なこれらのレシピが、想像力をふくらませるきっかけになれば、うれしい。

　なんたって自由の食べ物なんだから。

堀田貴之

Anytime

Anywhere,

Hot Sandwich

Contents

本書のレシピについて

基本的には8枚切り食パンを使ってますが、ライ麦や全粒粉パンなど、お好みのパンを使ってみてください。また本書にもあるように、フランスパンなど使えば、調理の幅がより広がります。

焼き時間は、「中弱火で片面2分」を基本としています。ただし、熱量によって違いがあるので、一概にはいえません。また、フランスパンなどは焦げやすいので、時間をわずかに短縮したり、はさむ具材によっても変えたりしています。

オリジナル『タルサタイム／マルチ・ホットサンドメーカー』

ホットサンドメーカーをホットサンドを作るのはもちろんのこと、ふたつきフライパンと考えて、ぼくはいろんな場面で使ってきた。

あげく、「ホットサンドメーカーは、マルチユースなクッカーである」ということをより際だたせるために、いくつかのアイデアを盛り込み、オリジナル・ホットサンドメーカーを作ってしまったのだ。

まずは、上下を取り外し式とした。これで、小さなフライパンとして使いやすくなる。

また、フライパンとしての深さを出すために、上下をアンシメトリーとした。

さらには、ノーマルな深さのものと、もっと深いタイプのものも作った。これで、クッカーとしての幅が広がるばかりか、厚切りのパンにごっついトンカツをはさんだホットサンドも作ることができる。

そして、焼きあがったときの「ほっ！」と感を出すための焼き印。

この『タルサタイム／マルチ・ホットサンドメーカー』は、ぼくにとっては「サンドのめし」を作るためのクッカーなのだ。

tent-Mark × TULSA TIME「マルチ・ホットサンドメーカー」

フタ、深さ 18mm & 28mm 深型クッカーセット（収納ケース付き）5980円（価格は 2015年5月現在　税別）

www.tent-mark.com/　www.facebook.com/tentmark

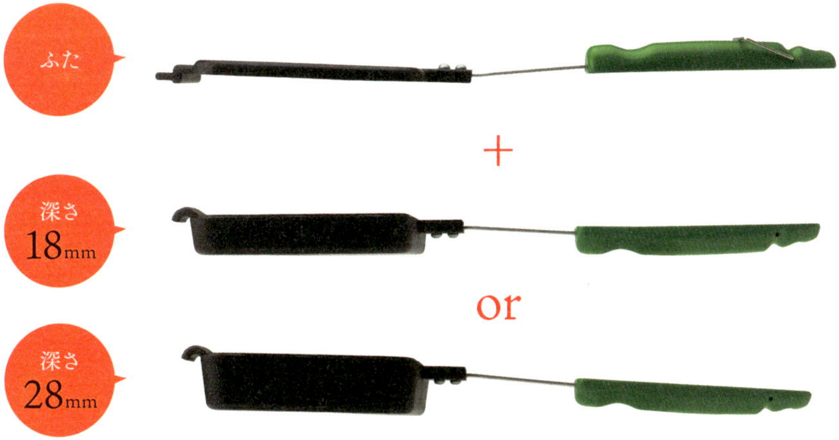

フライパンがわりとして

ホットサンドメーカーをフライパンがわりに使うと、ひとり分の食事をほぼ完ぺきにまかなってくれる。ひとり暮らしをしていた20歳のころ、これを持ってたなら、もっと料理が好きになっただろうにな。

分厚いサンドも！

深型を使用することで、ボリュームたっぷりのホットサンドを作ることができる。二段重ねのクラブハウスサンドもだいじょうぶだ。

ホットサンド料理に決まりはない

ホットサンドが自由の食べ物なら、ホットサンドメーカーもまた自由なるクッカーだ。そこで、アウトドアではもっぱら焚き火でホットサンドを焼いている。上に熾火をのせると、オーブンのようにも使えるので、またまた料理の幅が広がるのだ。

※ただし、あまりの高温はクッカーが傷んでしまいます。焚き火の温度は、ちょっと油断するとガスコンロの強火より何倍も強いので、じゅうぶんに注意してください。

01

かたゆで玉子の存在理由

かたゆで玉子とオリジナルサルサ

今回は、オリジナルサルサとのコラボレーションを楽しんだ。

子どものころ、ゆで玉子の存在理由がわからなかった。
オムレツや玉子焼きはあんなにおいしいのに、ゆで玉子となると、だめだ。
とくに、あの黄身。
かたゆでの黄身は、むやみに歯ぐきの水分を吸い取るだけで、喜びを与えてくれない。
すると、おふくろはゆで玉子をつぶしてマヨネーズとあえてくれた。
しかも、食べられないはずのタマネギのみじん切りもそこには入っていた。
ふたつの苦手を同時に克服した革新的な料理である。
はさんで焼くしかあるまい！

材料：かたゆで玉子、タマネギ、マヨネーズ、オリジナルサルサ

オリジナルサルサの作り方

ここで紹介するオリジナルサルサは、アメリカとメキシコと日本の融合ソースである。材料は、トマト、タマネギ、シシトウ、ニンニク、パクチー、それにオレガノと塩。これらをとことん刻んでまぜるだけ。でも、トマトはあまり刻まないほうがいい。そのほうが、見栄えも味もいい。また、作りたてより一日置いたほうが、味に深みが出る。大量に作っておき、冷蔵庫で保管すればいい。

このサルサ、恐ろしく万能である。ホットサンドはもちろん、ステーキにも、パスタにも、サラダにも、スープにも合う。餅にも合うし、ラーメンやお粥にも似合う。麺やご飯が、とたんに陽気なメキシカンとなるのだ。

サルサは、スペイン語で「ソース」の意味。このタイプのサルサは、アメリカやメキシコでは、「サルサ・メヒカーナ」と呼ばれることも。色具合が、メキシコ国旗のようだかららしい（それを知って以来、ぼくはメキシコ国旗を見るとよだれが出るようになった）。

02

トルティーヤを使ったマルゲリータ

ピザ・マルゲリータ・マンマミーア

「マルゲリータ」は、イタリア王妃の名前が冠された由緒正しいピザである。
そんなのを石窯を使うどころか、ホットサンドメーカーで作ったら、
イタリア国民からなんといわれるか、怖いところだが……。
フラワートルティーヤをピザ生地に使うことで、
シンプルな味わいのクリスピーなピザが簡単にできる。
トルティーヤは薄いので、二枚重ねにして、
そのあいだにチーズをはさんでミルフィーユふうにしてみてもいい。
ホットサンドメーカーをあけた瞬間、「マンマミーア」と、イタリア人があきれる。
いつの日か、そんなピザをホットサンドメーカーで焼いてみたい。

材料：フラワートルティーヤ、トマト、モッツァレラチーズ、バジル、オレガノ、オリーブオイル、塩

ホットサンドメーカー内は
体積が小さいので、
意外とオーブン効果は高い。
上から熱をくわえたいときは、
バーナーなどで軽くあぶるといい。
野外でなら、火のついた炭や
おきを上にのせてもOK。

03

ぎりぎり和風美人

レンコンとミツバ、和がらしの和風サンド

レンコンのしゃきしゃきをホットサンドでも味わいたい。
しかも、簡単に。
火が早くとおるよう、レンコンはすけすけぎりぎりの薄切り。
和の味をいかすため、味つけもちょっと薄すぎか、というぐらいのぎりぎりを狙いたい。
ホットサンドは、だいたいにおいて味は濃いめにしておけば間違いはない。
しかし、和風になると急に「わびさび」的な味のこだわりをいいだすのは、
かなりの日本偏重とは思うけど……。

材料：レンコン、ミツバ、みりん、しょう油、和がらし、ゴマ、タカノツメ

レンコンをホットサンドメーカーで炒めたら、しょうゆ油とみりん、和がらしを入れて煮る。

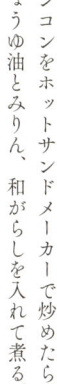

04

簡素優雅

キュウリとチーズのシンプルサンド

冷蔵庫の野菜室をのぞいてみたら、
ちょっとばかり古びたキュウリしかない。
しかし、だいじょうぶだ。
ホットサンドは、豪華な材料をはさんで焼けば「うまい」というものではない。
世の中には、「清貧の味」というものがあるのだ。
持ち歩く道具が少ないほど、旅は深まり、思い出多いものとなる。
それと、同じだ。
「Simple is Elegant」は、食にも生き方にも通じる言葉だ。
簡素は優雅なのだ。

材料：キュウリ、スライスチーズ、チーズの塩加減によっては塩をプラス

“もこもこ”をこれで克服

ジャガイモのガレット

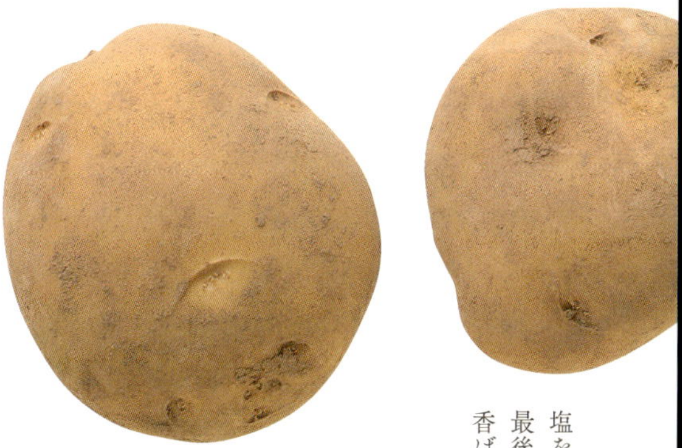

「ジャガイモの“もこもこ”感が、好きじゃない」といったら、
「これならだいじょうぶ！」とすすめられたのがガレット。
千切りにしたジャガイモを水洗いせずに、
細切りのベーコン、塩、コショウと混ぜあわせる。
多めのバターを熱して、ジャガイモを入れ、ふたをする。
弱火でカリッと焼き目がついたら、ひっくり返し、同様に焼く。
このようにホットサンドメーカーをふたつきフライパンと考えれば、たいていの料理はできてしまう。
さらには、できあがったガレットをパンのように使い、
チーズやオムレツ、ツナやハムなどをはさんだら、新しいタイプのホットサンドができあがるぞ。

塩を控えめに、かつお節をかけて
最後にさっとしょうゆ油で
香ばしくしてもいける。

材料：ジャガイモ（メークインがいい）、ベーコン、塩、コショウ、粉チーズ、バター

カイワレダイコンとの組み合わせは
多種多様に考えられる。
肉類も魚介類もフルーツも似合う。
さらに、和風でも洋風でも。

カイワレたっぷり、元気いっぱい

カイワレダイコンとツナのヘルシーサンド

見た目も味も、ヘルシーなカイワレダイコン。
安価で、ビタミンも豊富だ。
さらには、大根と同じように消化を助けるジアスターゼ、
発ガン物質を分解するオキシターゼも含まれている。
食欲増進、消化促進、疲労回復効果があり、
しみやそばかすを予防する働きまである、という。まったく救世主的食材である。
だから、というわけじゃないんだけど（個人的に好きだから）、
カイワレダイコンたっぷりのサンドを作ってみた。
口のなかではじけるカイワレダイコンの味は、ほんと、元気の源だと思えてくる。

材料：カイワレダイコン、ツナ、マヨネーズ、コショウ

07

ホワイトソースとキノコの朝食

ベシャメルソースのなめらかサンド

ホットサンドを作るとき、
大きく分けるとふたつのパターンがある。
ホットサンド用に具材を準備して作る場合。
あるいは、残りものを使う場合だ。
これは、もちろん後者。
前日の晩ご飯の残りがあるとき、朝、それをどうアレンジするか。
大げさにいえば、今日が楽しい一日となるかどうか、が決まる瞬間でもある。
ホットサンドメーカーを前に、考えこむ朝が、ぼくは好きだ。

冷蔵庫にホウレンソウやブロッコリーがあれば追加したいところだ。鶏肉のかわりに、魚介類もいける。

材料：ホワイトソース（ベシャメルソース）、鶏肉、キノコ（いろいろ）、コショウ、粉チーズ

08

3分で簡単アペタイザー

クラッカーとミニトマトの前菜

手は込んでいないけど味わい深い
アペタイザー（前菜）が出てくると、
ビールはうまいし、小さな幸せを手にした気分が広がる。
そして、主菜が大いに楽しみとなる。
飲み屋でも、「お通し」に店の姿勢を感じるものだ。
そこで、前菜をホットサンドメーカーで作ってみた。
女の子が遊びに来たときのためのレパートリーとして、
こんなレシピを隠しもっているのもいい。
男の料理は無骨さだけじゃないんだ、
というところを見せないと。
実のところ、男料理の前菜は
「繊細そうで、さらに無骨！」がコツ。

材料：クラッカー、ミニトマト、
モッツァレラ、ベーコン、塩、オレガノ

クラッカーを下に、
弱火で片面を2分ほど焼く。
オーブン効果で、
チーズもトマトもベーコンも、
じわっとゆるむ。

09

きのこづくしの秋サンド

マイタケ、シメジ、エノキのソテー

マイタケ、シメジ、エノキなどなど、
具はきのこだけという、きのこづくしのサンドを作ってみた。
色合いは地味だけど、豊潤な大地の香りが口いっぱいに広がる。
秋になったら裏山へ出向き、
自分で収穫したきのこだけで作ってみたい。
が、そのためにはもっときのこのことを覚えないと……。
毎秋、一度はきのこ狩りへ出かける。
口に広がるおいしさのことは忘れないけど、
きのこのことは覚えられない。

材料：マイタケ、シメジ、エノキ、ネギ、
しょうゆ油、オリーブオイル、ニンニク

ホットサンドメーカーにオリーブオイルをひき、ニンニクのみじん切りときのこ各種を炒める。味つけにしょう油を使ってもいいし、塩とコショウのあっさり味もいける。

10

レイルロード・ハーモニカ・ブルース

キュウリ、ニンジン、パプリカ、生ハムのハーモニカサンド

いつ来るともしれない列車を待ちながら、
ひとりの黒人が駅のベンチでハーモニカを吹いていた。
その音色は、まったくもって汽笛の音なのだ。
はるかかなたへの旅の思いを、ハーモニカに託しているのだ。
旅の途上、そんな風景を見てしまったため、ぼくのハーモニカ偏愛がはじまった。
ときには、風景を見せてくれる音楽と出会うことがある。
そんなホットサンドを作ってみたい。

いつも持ち歩いている
ドイツ・ホーナー社の『マリンバンド』。
10穴しかない小さなハーモニカだけど、
喜怒哀楽すべての音が出る。

材料：キュウリ、ニンジン、パプリカ、生ハム、塩、コショウ

Letter from Friends

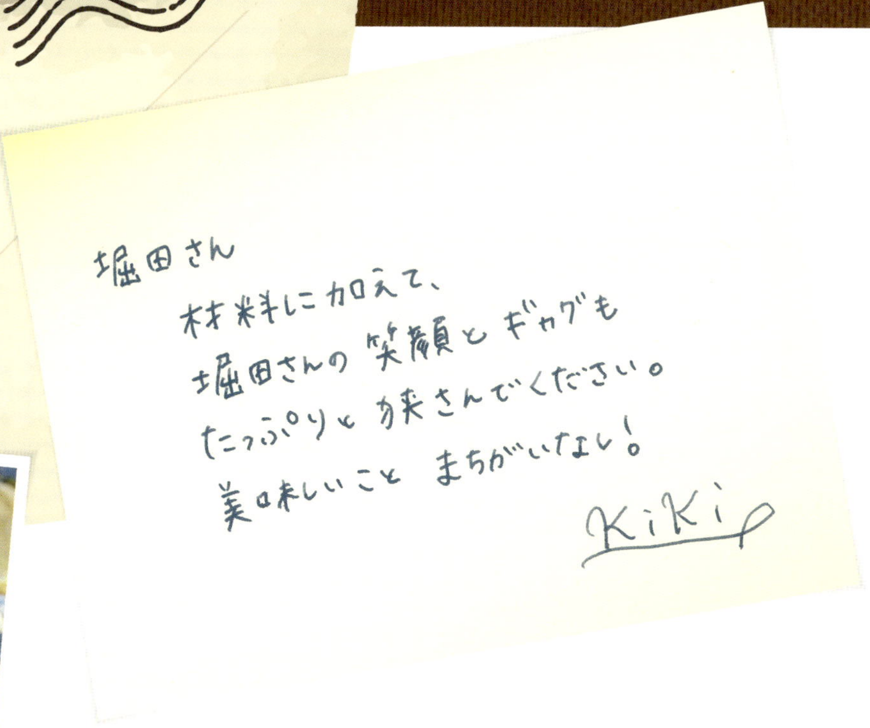
堀田さん
材料に加えて、
堀田さんの笑顔とギャグも
たっぷりと挟んでください。
美味しいこと まちがいなし!
KiKi

KIKIさんからの手紙

「北欧スウェーデンの伝統料理でオバジンというのがあるんです。
米ナスとチーズとアンチョビのグラタンのようなものを
ゴハンに乗せて食べるその美味しさといったら。
さらにチキンのローストが入るときも。
これをライスの代わりにパンで、
ホッタサンドでつくってもらえますか。
北欧は幾度しか訪れたことがないのだけれど、大好きな土地。
キキサというわたしのオリジナルのカップがあるのだけれど、
それも北欧由来のものだったりします。」

KIKI（モデル、女優）
東京生まれ。武蔵野美術大学造形学部建築学科卒。在学中からモデル活動を開始。雑誌やTVCMなどの広告、映画・ドラマ出演をはじめ、連載などの執筆、ラジオのナビゲーター、アートイベントの審査員など多方面で活動中。
著書に『LOVE ARCHITECTURE』（TOTO出版）「山スタイル手帖」（講談社）「美しい教会を旅して」（marbletron)。カメラマン野川かさね氏との共著「山・音・色」（山と渓谷社）。
http://kiki.vis.ne.jp/
http://blog.honeyee.com/kiki/

素揚げにしたナスとアンチョビ、クリームソースが
ほっこりとした味わいを楽しませてくれる。
ローストチキンのかわりに、焼き鳥をはさんでみた。

11

北欧ふうオバジンサンド

材料：ナス、アンチョビ、焼き鳥、クリームソース

おはよう、キキ。

キキと逢っていつも驚くのは、逢うたびにキキがきれいになっている、ということ。

でもそれをいうと、キキは「またまた調子いいことといって」とあきれた顔をするけど……。

オバジンサンド。なんとか作ってみたよ。北欧と聞いても、アンデルセンとボルボとクレッタルムーセンぐらいしか思い浮かばないぼくとしては、大冒険だったけど。

でも、野菜のなかでナスがいちばん好きなぼくは、このサンドが好きになりそうだ。

暖かくなってきたし、どこかへ出かけよう。

どこか山のてっぺんで、オバジンサンドを焼いてみるよ。

さらなるバージョンアップしたキキに逢うのを楽しみに！

12

ホットサンドでBLT

ベーコン、レタス、トマト。サンドウィッチの定番

ホットサンドの憂鬱は、ぱりっとしたレタスが食べられないことだ。
そこで……。
サムチェを巻いて焼き肉を頬ばるがごとく、
できあがったBLT（L抜き）にしゃきしゃきレタスを巻いてみた。
このスタイルは、大成功。
ホットサンドにあらたな息吹を吹きこんだのだ！
さらには、パンをベーグルに。
ニューヨーカーは、iPhoneかベーグルを片手に町を闊歩している、といわれるほど、
いまやベーグルはニューヨークのアイコンでもある。
このベーグル、100年前にユダヤ移民がニューヨークへ持ち込んだという。
このもちもちパンを取り込むことで、またまたホットサンドの可能性が広がっていく。

正統派BLTを求めるなら、ベーコンはかりかりに炒めてからはさむこと。

材料：ベーグル、ベーコン、レタス、トマト、オレガノ、塩、コショウ

豚肉は、先に炒めておくように。

13

春の日ざしのように暖かい熟女サンド

豚肉とトマトとアボカドで、ジューシィに

ホットサンドでの調理には、いつも新鮮な驚きがある。
はじめのうちは、なんでもかんでも詰めこんで「うまい！」と喜んでいたが、
やがて組み合わせの妙を楽しむようになってくる。
ある日、豚肉とアボカドはどうだろう、
とトマトとチーズなどなどを夏の日ざしのごとくみさかいなくはさんでみた。
熱のとおったアボカドが、不思議な和音を奏でている。
これは、うまい。
しかし、いうまでもなく、詰めすぎはだめだ。
いまでは、それぞれの味がしっかり楽しめる量、というのがわかってきた。
そう、春の日ざしぐらいがちょうどいい。

材料：豚肉、アボカド、トマト、バジル、オレガノ、チーズ、オリーブオイル、塩、コショウ

はじめに、ホットサンドメーカーに
少し水を入れ、具材を蒸し煮にする。
ホットサンドメーカーは、
簡易蒸し器としても使える。

14

鶏のささみ蒸しサラダふう淑女サンド

鶏ささみ、ブロッコリー、ニンジンのヘルシーサンド

鶏のささみは、けっして目立とうとしない。
みずからの味を主張せず、ほかの食材の邪魔をしない。
いや、邪魔をしないばかりか、ほかを引き立ててくれるのである。
引き立て役に徹してくれる。
そして、サンドウィッチはおいしくなる。
ささみは目立たないが、ささみがないとこの味は生まれてこない。
清楚にして、妖艶。
この組み合わせは、みごとなまでに、
ささみが自身の役どころを発揮するのである。

材料：鶏ささみ、ブロッコリー、ニンジン、すりごま、塩、コショウ

（ゴマドレッシングを使う、という手もある）

15

ダブルデッカー・ホットサンド

ツナとコンビーフの二階建てバス

アメリカのサンドウィッチの定番『クラブハウスサンド』は、トースト３枚で作る。
クラブハウスの中身は、ベーコン、トマト、チーズ、レタスあたりが順当だ。
そこで、ホットサンドでもダブルデッカー（二階建てバス）を。
もちろん、上と下には違う味をはさんでみた。
タルサタイムのマルチ・ホットサンドメーカーは、
深さ28ミリの深型もあるので、こうした分厚いホットサンドも得意だ。
そういえば、アメリカには、パンを７枚も８枚も重ねた
『ダグウッド』と呼ばれる豪快なサンドウィッチがある、という。
そんなのは作れないけど……。

材料：食パン３枚（1枚はライ麦パン）、１段目　ツナ、コーン、オリーブ、塩、コショウ

２段目　コンビーフ、マヨネーズ、タマネギ、イタリアンパセリ

上下の２枚はふつうの食パンを、まん中のライ麦パンは軽くトーストして。

フラワートルティーヤで具を包み、表面を軽く焼いたらできあがり。

16

ブリトーは、自由の象徴

ラタトゥイユとアスパラガスのブリトー

メキシコで食べたブリトーは大きかった。
具もたっぷり入っていて、ひとつでお腹いっぱいになったほどだ。
京都の百万遍交差点の近くにあった
ブリトー屋『チリウォーター』もいかしてた。
緑のフォルクスワーゲンバスがお店。
すべて手作りの味わい深い具が詰まっているブリトーは、
ラブ&ピースにあふれていた（残念ながら閉店してしまったけど）。
「自由という言葉を料理で表現したら、ブリトーになるんだ」
ということを教えてくれたお店だった。

材料：フラワートルティーヤ、鶏肉、ラタトゥイユ、アスパラガス、チーズ

溶き玉子を流し込んで焼くと、
とろとろの半熟のホットサンドができあがる。

17

ガンボと食べたいオクラサンド

オクラ、パストラミ、半熟玉子のとろみサンド

オクラは日本独自の食材だと思いこんでいた。
なので、アメリカ南部で食べたガンボに、
オクラのとろみがぎっしり入っていてびっくりしたことがある。
そこで、オクラと半熟玉子の異質なダブルとろみのサンドを。
ニューオリンズ音楽を聴きながら食べるのがおすすめだ。
オクラを細かく切ってはさむのもありだが、
丸のまま入れるほうが南部音楽の骨太いリズムを感じさせてくれる。
今夜は、ドクター・ジョンのセカンドラインビートに身を揺らし、
このホットサンドを焼いて、南部の町の喧騒を思い出すかな。

材料：オクラ、パストラミハム、キャベツ、玉子、塩、コショウ、ハーブミックス

紫の瞳をしたちょっとばかりワイルドな
ウィッチ・ベイビは、みんなになじめない。
そんな女の子をイメージしてみた。

18

ウィッチ・サンド ～魔女の使い～

ラム肉とブルーベリージャムの魔女サンド

サンドウィッチの名前の由来はみんなも知ってるとおり、
「サンドウィッチ伯爵が、カードゲームの最中にうんぬんかんぬん」
というやつだ。
でもそんなのはふつうすぎるから、
ぼくは、サンドウィッチこそが「魔女（ウィッチ）の使い」じゃないかと思っている
（もっとも、スペルは違うんだけどね）。
そういえば、『ウィッチ・ベイビ』という小説がある。
「玄関に置き去りにされた魔女の子」の物語だ。
もしきみが13歳で、「友だちともおとなとも、なんだかうまくなじめないな」
と思っているなら、親に隠れてこの本を読んでみるといい。

材料：ラム肉、ラム酒、ブルーベリージャム、パクチー、ニンニク、塩、コショウ

玉子焼きを作り、ランチョンミートは両面を炒める。
ゴーヤの苦味がいやでなければ、ゴーヤは生のまま。

19

沖縄県民御用達

ランチョンミート、玉子、ゴーヤの沖縄サンド

ポークランチョンミートの缶詰は、スパム（商標）とか、たんにポーク缶と呼ばれている。
沖縄では定番食材として、どの家庭にも数缶が常備されている。
また、町の食堂のメニューにも、ポーク玉子があり、
ゴーヤチャンプルーなど炒め物には肉の代用として使われている。
さらには、ポークサンドやポークおにぎりまである。
沖縄ではポーク缶が大活躍で、まるで特産品であるかのごとく扱われているけど、そのほとんどは輸入品だ。
なんと、日本に輸入されるポーク缶の９割が沖縄県内で消費されている。
とくにデンマークからの輸入が多く、デンマークから感謝状をもらったこともある、というエピソードも。

材料：ポークランチョンミート、ゴーヤ、玉子、塩、コショウ

20

薬味が主役を食う

豚肉とネギとショウガの三役

薬味は、「料理の味を引き立てる」という
重要なキャラクターを請けおっている。
と思っていたら、「薬」と「味」と書くように、
味はもちろんだが薬でもある、と聞いた。
なんでも、料理に薬成分を足すことも意味するようだ。
ネギやショウガはその代表格らしい。
そういえば、昔からネギやショウガを食べれば風邪を引かない、とよくいわれた。
薬味を添えるのは、食べる人の健康を願う気持ちでもあったのだ。
薬味とは、「思いやり」だったんだな。

材料：豚肉、ネギ、ショウガ、塩、コショウ

豚の挽き肉も、
鶏のモモ肉もよく似合う。
味つけは、シンプルに。

21

屈強なハーモニーと堅忍なリズム

トマトソースとブルーチーズと鶏肉

トマトソースは、生まれもったその才から、ほとんどの料理に似合い、多くの人に好かれている。
そこで、万能なトマトソースにちょっと意地悪をするため、強烈な香りのブルーチーズを入れてみた。
ところが……。
ますますトマトソースの酸味と甘みが増し、
さらには、鶏肉とブルーチーズの味を引き立てる。
結局のところ、「トマトソースはやっぱりすごい」ということを再確認しただけのことだった。
トマトソースとブルーチーズの組み合わせは、
キース・リチャーズのギターリフのように頼りになる。

材料：食パン（パン・ド・ミー）トマトソース、鶏肉（モモ）、ブルーチーズ、シメジなど

22

沖縄発祥(?)、タコサンド

タコミートとキャベツ、チーズのタコサンド

タコライスは、メキシコ料理のような顔をしているが、沖縄が発祥だ。
タコといっても、オクトパスのタコじゃなく、タコミートのこと。
ご飯の上に、タコミート、千切りレタス、チーズ、トマト、サルサなどを
これでもかと盛り、わっしわしと食べる料理なのである。
そういえば、沖縄ではふたつの有名店が、「発祥の店」と「元祖」の看板をあげている。
どっちも、うまい！
いまでは、日本各地でタコライスを食べることができるが、
沖縄の「元祖」と「発祥の店」のがっつりとした
ボリューム感を再現している店に出会ったことがない。

材料：タコミート、キャベツ、チーズ、オリジナルサルサ（作り方は９ページ）

レタスではなくキャベツの千切りを使った。熱をとおすことで出るキャベツの甘みを楽しもうという魂胆からだ。

ホット・オア・ノット？

シシトウとウインナーのガーリックソテー

シシトウは、一筋縄ではいかない。
ピーマンなのか、トウガラシなのか、と聞きたくなるときがある。
本名は、シシトウガラシ。
だからといって、辛いわけではない。
いや、ときに（10本に1本ぐらいか）、汗が吹きでる辛さのものもある。
でも、最近は品種改良からか、辛いシシトウは減ってしまった。
ロシアンルーレットみたいで楽しい食べ物だったのに、
世界はどんどんつまらなくなっていく。

材料：シシトウ、ウインナー、ニンニク、オリーブオイル、塩、コショウ、ハーブミックス

スライスしたニンニクをオリーブオイルで炒め、ウインナーを炒める。シシトウも少し火をとおすと、味がひきしまる。

23

トンカツが冷めているなら、
ホットサンドメーカーで
両面を軽く焼いてから、パンにはさむといい。
もちろん、電子レンジで温めてもいいけど。

24

豪快カツサンド

トンカツとキャベツの分厚いサンド

分厚いトンカツなんて、食堂のウインドウでしか見たいことがなかった
（しかも、それはロウでできた料理模型だった）。
「この世でもっとも豪快なホットサンドを作ってみろ！」といわれたら、
２センチ以上もある分厚いトンカツをはさんで焼きたい、と前々から思っていたのだ。
市販のカツサンドも、家に持ち帰って焼くほうがぜったいにうまいのだから、
トンカツのホットサンドは、しびれるはずだ。
マルチ・ホットサンドメーカーは、分厚いものもはさんで焼けるよう、深型もセットになっている。
その深型の利点をめいっぱいいかしたのが、この豪快カツサンドだ。

材料：６枚切り食パン、トンカツ、キャベツ、トンカツソース

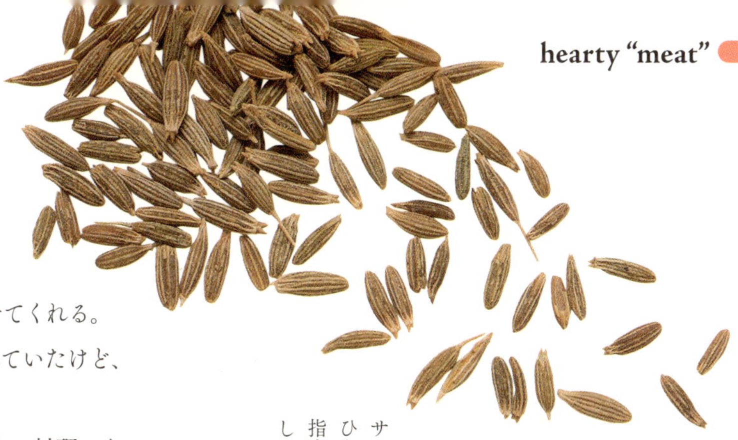

おとなのカレーサンド

ベーコンとキャベツとクミンシード

カレーの匂いは、いつだって食欲を増幅させてくれる。
そんなわけで、なにかにつけカレー粉を入れていたけど、
あるとき、クミンシードに出会った。
クミンシードを使うと、ちょっとばかりおとなの料理になる。
原石から楽しむ料理、を考えさせてくれるのだ。
それに、スパイスの組み合わせの妙を教えてくれた。
スパイスがきいた料理は、まだ見ぬ国へと連れていってくれる。

材料：ベーコン、キャベツ、クミン、塩、コショウ

サラダオイルをひいたら、
ひとつまみのクミンシードを
指先でこすりつぶすように
して、落とし、炒める。

26

たまたま焼き

玉子とタマネギ、それにベーコン

イングリッシュマフィンにはさむなら、
目玉焼きをまん丸に作りたい、と考えた。
そこで思い出したのが、
近江八幡駅前の飲み屋で食べた「たまたま焼き」。
リング状に切り、なかを抜いたタマネギに玉子を落として、
じっくりと目玉焼きを作る。
（もちろん、こうした下ごしらえもホットサンドメーカーで！）
これとベーコンを組みあわせ、
イングリッシュマフィンにはさむ。
タマネギの歯ごたえ、歯ぐきに感じる玉子の黄身と白身。
ベーコンのこってり感が口のなかに広がっていく。

材料：イングリッシュマフィン、ベーコン、玉子、タマネギ、
塩、コショウ、ハーブミックス

27

ホット・バインミー

フランスパンに鶏肉とニョクマムで、ベトナムへの旅

鶏肉をニョクマムで炒め、
ほかの具材をあわせフランスパンにはさむ。
深型のホットサンドメーカーに
パンを押しこんで両面を焼いたら、
ホット・バインミーのできあがり。
本場のバインミーを作ってくれる
おいしいお店が、東京の高田馬場にあるぞ。

十数年前、ベトナム・ダナンの下町でのこと。
なにやらあやしげな匂いにつられて、
路上の屋台でサンドウィッチを。
もちもちなのにぱりっとしているフランスパンに、
エスニックな味つけの鶏肉と野菜がたっぷりはさまれていた。
でっかいサンドウィッチにかぶりつきながら、
アジアで、こんなにうまいパンにありつけるとは、と毎日食べた。
もともとフランス領だったのでベトナムのパンはおいしい、
と知ったのはそのあとのことだった。

材料：フランスパン、鶏肉、ニョクマム、タマネギ、
ニンジン、キャベツ、パクチー、コーン

Letter from Friends

Hotter than 1st Half
ハーフタイムで この
はちみつ ルーナ ドゥーエ フォルマッジ
の味をちょっと楽しんで
2nd Half へ go!!
私はほとんど、ワンタッチで
パス出すからね。キメて下さいよ。
サッカーともだちより。
KI Suzuki.
moonriders

鈴木慶一さんからの手紙

蜂蜜ルーナ・ドゥーエ・フォルマッジと言うホット・サンドを作っていただけたらと思います。味は想像もつきませんが、70年代前半に存在したバンド、はちみつぱい、70年代半ばから2011年まで35年間活動し、現在休止中のムーンライダーズ、81年から断続的に活動中の高橋幸宏とのユニット、THE BEATNIKS、私の音楽史のようなホット・サンドですが、はちみつ、月、2種類のチーズ、ムーンライダーズは6人、THE BEATNIKSは2人、で蜂蜜ルーナ・ドゥーエ・フォルマッジです。

さらに無理を書きますと6つのうずらの玉子を、私の最も大事な趣味、サッカーをプレイすることを込めてサッカーボールのように色付けられたらと思います。材料は、ゴルゴンゾーラ、モッツァレーラ、うずらの玉子6個、蜂蜜です。塩味加減はおまかせいたします。さあ、どんなものになるか楽しみです。よろしくお願いいたします。

鈴木慶一（ミュージシャン）
東京都生まれ。1972年に“はちみつぱい”を結成し日本語で表現されるロックの先駆者として活動。"はちみつぱい"を解散後にムーンライダーズを結成。バンド活動と並行してアイドルから演歌まで、多数の楽曲を提供すると共に、膨大なCM音楽も手掛け、日本の音楽界とリスナーに多大な影響を与え続けている。音楽活動の他、映画やドラマ出演、雑誌への寄稿など活動は多岐に渡る。
「座頭市」（北野武監督）の音楽で、2003年度日本アカデミー賞最優秀音楽賞を受賞。ソロアルバム『ヘイト船長とラヴ航海士』がで第50回日本レコード大賞優秀アルバム賞を受賞。
http://www.keiichisuzuki.com/

組み合わせの妙が楽しめるホットサンドだ。ほんの少し塩を入れることで味がひきしまる。

28

蜂蜜ルーナ・ドゥーエ・フォルマッジ

材料：ゴルゴンゾーラ、モッツァレラ、うずらの玉子、蜂蜜、塩

慶一さん、こんにちは。

ぼくが高校生のとき、「はちみつぱい」のライブを観たな。大阪の『六番町コンサート』だったか、『春一番』だったか。まさか、その慶一さんといっしょにサッカーをやるとは思いもしなかったけど（しかも、この歳になって）。

このホットサンド、チーズと蜂蜜の組み合わせの味は想像できたんだけど、うずらの玉子がどんなふうに転ぶか、が心配でした。

でも、大正解。玉子が入ることで、チーズも蜂蜜もよりいきいきと動きだした感じ。

それぞれの個性をいかしながら、ぼくたちも相乗効果でパワーアップしてプレーできれば……。どうせだから、70歳までサッカーやりましょう。おたがい、タフに。

29

道南海沿い名産サンド

カキとニラとスクランブルエッグ

北海道の港町に『かぜまち軒』という、
飲んだくれの船乗りたちがたむろしていそうな名前のお店がある。
ある夜、風待ちをしていたわけでもなく、船乗りでもないぼくだが、
そのお店のカウンターに座り、ガーリックトーストにのった
オイルづけのカキを頬ばりながら、ワインを飲んでいた。
そこで、おかみ（女性マスター、それともミストレスというべきか）に
カキのホットサンドレシピを考えてもらったのが、これ。
函館に行くことがあったら、『かぜまち軒』へ寄ってみるといい。
北風が吹く寒い日もあるけど、そんな夜でもおかみの心温まる料理が味わえるよ。

材料：カキ、ニラ、玉子、ニンニク、オリーブオイル、塩、コショウ

ガーリックたっぷりのオイルでカキを焼き、
刻んだニラを入れたスクランブルエッグとともにはさむ。

30

ジェノバのオクトパスガーデン

タコとバジルソースの楽園

春なら、フキノトウで作るジェノベーゼとからめても最高！

ビートルズの楽曲に、「オクトパスガーデン」という歌がある。
ドラムスのリンゴ・スターがうたう、ビートルズとしてはちょっと異質の曲だ。
「タコくんちの庭へ行って、みんなでハッピーに暮らそう」という
底抜けに明るい歌なんだけど、そこには複雑な時代背景などなどが組み込まれている（らしい）。
この歌をはじめて聴いた高校生のとき、
「ここには『あぁしろこうしろ』なんていうやつはひとりもいないのさ」という歌詞に、
ほんと、タコの国にあこがれたものだった。

材料：タコ、タマネギ、バジル、バジルソース

ホットサンドメーカーから、
「ぐぐん」とはみ出すようなサンドが好きだ。
枠組みというのは、そこから飛びだすためにあるのだから。

31

人生、はみ出したい人たちへ

アジフライとネギのサンド

子どものころ、近所の惣菜屋さんをのぞくのが大好きだった。
「おかずのおばちゃん、今日はどんなん作らはってんやろ？」
と、いまにもよだれを垂らしそうに、できたてのお惣菜に顔を近づけるのだ。
そして、母親にねだっては買ってもらう。
買ってもらったアジフライは、晩ご飯のおかずどころか、
家までももつわけはなく、歩きながらかぶりついてはやけどする。
そしていまも、できたてのホットサンドにかぶりついては、やけどをする。
人間は、歴史に学ぶということができない生きものなのだ。

材料：アジフライ、ネギ、タルタルソース

32

トルコサンド

焼きサバとタマネギ、レモン

サバは、日本では古くからなじみの深い魚だ。
「秋鯖は嫁に食わすな」は嫁いびりだと思っていたけど、
やさしさからの言葉だという新解釈もある。
なんかその解釈には、「鯖を読む」感があるようなないような……。
トルコにもサバの慣用句があるかどうかは知らないが、
なんでも、焼いたサバを具にしたサンドウィッチが有名だ、という。
トルコと聞けば、地中海とかエーゲ海が思い浮かび、
ぼくにとっては昼寝の似合う国ナンバーワンなんだけど、
しかし、焼きサバをパンにはさむとは、トルコ人もやるね。

材料：焼きサバ、タマネギ、レモン、ミツバ、塩、コショウ

ホットサンドメーカーの使い方あれこれ

ホットサンドメーカーをふたつきフライパンと考えると、
ホットサンドを焼くだけではもったいない調理器具だ、
ということに気がつく。
オムレツなんてのは得意中の得意となる。
なんたって、フライ返しがなくてもひっくり返すことができるのだから。
炒め物も、ふたをしたままがさがさ動かしたり、
裏返したりすれば、火のとおりが早い。
また、クッキングペーパーをしけば、
焼き魚だって簡単に、しかも美しく焼きあがる。

33

燻製の王様と森のバター

スモークサーモンとアボカド

アボカドは不思議な果実だ。
食べると、野菜のようでもあり、肉のようでもある。
ぜんぜん果物のようじゃない。
脂肪が多いことから、「木になるバターだ」とメキシコで教えられたけど、
たしかに、バターのような食感もある。
スモークサーモンとの相性はすこぶるいい。
レモンとアボカドをくわえることで、ちょっと閉鎖的なスモークサーモンに、
新鮮な空気と明るい陽ざしをもたらしてくれる。

クリームチーズを入れてもいいし、
しょうゆ油味もいける。

材料：イングリッシュマフィン、スモークサーモン、アボカド、レモン、イタリアンパセリ、オリーブオイル、塩

重たい脂に清涼剤を

イカの唐揚げとキャベツ、オリジナルサルサ

惣菜屋さんのイカの唐揚げは、脂がきつかったり、
イカが硬かったり、とあまりいい印象がない。
それに、冷めてしまうと、そんなにおいしいもんじゃない。
でも、ついつい買ってしまうのがイカの唐揚げなのだ。
そこで冷めてしまった唐揚げを、ホットサンドにしてみた。
キャベツをどっさり盛ることで、重たい脂に抵抗する。
そこへ、とびきりの清涼剤となるオリジナルサルサをくわえるのである。

材料：イカの唐揚げ、キャベツ、オリジナルサルサ（作り方は9ページ）

マグロのカルパッチョふうに、塩、ハーブミックス、オリーブオイルで味つけ、という手もある。

35

「たたき」ふう ホットサンド

マグロとアボカドとアーモンド

生魚をホットサンドにはさむのは、勇気がいる。
「ルールブックには載っていないけど、やっちゃいけない非紳士的行為」のような気が、なぜかするのだ。
でもここは思いきって、強火でさっと焼いてみることにした。
たいていのホットサンドは、中弱火で片面２分を基本としているが、これは強火で片面45秒。
「カツオのたたき」の要領だ。
この手法（火加減と時間）をマスターすれば、ホットサンド料理がシベリアの大地のように広がっていく。

材料：ライ麦パン、マグロ、アボカド、アーモンド、しょう油、わさび

36

日本茶がほしくなるサンド

塩ジャケとタマネギ、マヨネーズ

顔をしかめるほどしょっぱい塩ジャケがなくなってしまった今日この頃だ。
見ただけでつばがあふれ出てくるほど、
塩が噴きだしてるシャケで作りたいのが、この一品。
シャケの塩が強ければ、タマネギをいっぱい盛り込むといい。
塩は体内の血を煮えたぎらすかもしれないけど、
そのあとにはタマネギがさらさらにしてくれる。
これは、バランス食（？）でもあるのだ。

材料：塩ジャケ、タマネギ、マヨネーズ

37

エビの悪ふざけ

エビ、ネギ、わさび、タルタルソース

皮を剥いたばかりの新鮮なブラックタイガーは、
いかにも悪ふざけをしそうな愉快な少年に見える。
あるいは、「あくびが出るような退屈な成功のために何年も費やすより、
途方もない夢を追いかけて、さっさと失敗しようぜ」という、
ひねくれた男のように思えるときもある。
だから、エビを料理するとき、ぼくはいつも襟を正してしまうのだ。
いっしょにはさむものとして、わさびとネギはすぐに決まったんだけど……。
いまだに、エビと出会うたび、組み合わせに頭を痛めている。

エビは、生食用ならそのままで。
でなければ先に加熱を。
じわっと染み出るエビのだしを
しっかり楽しみたい。

材料：イングリッシュマフィン、エビ、ネギ、わさび、
タルタルソース、オリジナルサルサ（作り方は９ページ）

Letter from Friends

永遠の夢みる少年.
堀田さんの眼ざしを
通して
ずっとずーと 私達に
夢を見させてください

いつか石垣島でカヌーを
ご一緒したいです!!
息子も! いいですか?

吉本多香美さんからの手紙 吉本多香美

堀田さん!
島の風を感じるホットサンドを
作って欲しいと思っています。
石垣島は野草の宝庫です。
ハーブの薫りと、島の魚や野菜、
または、島の豆腐なんて
取り合わせはどうでしょうか。

吉本多香美（女優）
石垣島在住。15歳のとき、父親に連れられケニヤでサファリキャンプをしていらい自然好き、旅好きに。原生林や美しい海、野生動物、先住民の人々に出逢うことがテーマ。
石垣島で親子カルチャーサークルを立ち上げ、アフリカンダンスのワークショップを開催中。お祭りで、酵素玄米おにぎりとマクロビお味噌汁とおかずの「にぎにぎカフェ結び」などの活動も実施。子供たちと海で泳ぎ、貝や魚を取り、青空の下、歌って踊って、星ぞらの下で眠る、そんな生活を夢みている一児の母であり、メディカルハーブセラピスト、マクロビオティック師範!

38

島風《しまかじ》サンド

材料：アジ、ルッコラ、シソ、セリ、エシャロット、岩塩

多香美ちゃん、元気そうでなにより。

最後に逢ったのが、新宿だったか、どこかのフィールドだったか、を思い出せないんだけど、南の島で楽しく暮らしてるといううわさは、海風に乗ってくる便りに聞いてるよ。

島の風を感じてもらえるようなホットサンド、作ってみました。あえて、東京でも簡単に手に入る材料で。そして、その組み合わせをとことこん楽しめるようなものを。

今回、豆腐は入れなかったんだけど、豆腐入りサンドはぼくの宿題として、つぎ逢ったときに披露するつもり。

タイトルは、沖縄の人たちは風を「かじ」といっていたので、「島風（しまかじ）サンド」に。

いずれにせよ、近々。

シーカヤックで、無人島へキャンプしにいこう！。

ぜひ。

焼いたアジの骨を取り、
たっぷりの香草（ハーブ）と
組みあわせてみた。
塩味は、あっさりめで。

39

心のふるさと、ネギ餅

餅とネギの最高のコラボレーション

「いちばんおいしいホットサンドを、わたしのために作って」
と頼まれたら、ぼくはきっぱりと、なんのためらいもなく、これを作る。
もちろんそのときは、まずはでっかい臼と重たい杵で餅をつき、
京都の畑から青ネギを抜いてきて、小豆島産のごま油を取りよせて、
かつお節は……。
とまあ、そこまで大げさにしなくてもぜんぜんいい。
これを食べると、「日本に生まれてよかった!」と思うはず。
ぼくにとっては、これもホットサンドなんだ。

材料:餅、青ネギ、ごま油、かつお節、しょう油

大量のネギで餅をはさみ、ごま油をたらし、両面を焼く。
(弱火で、片面1分半から2分ほどが目安)
焼きあがったネギ餅にかつお節をかけ、しょう油をたらす。
ネギにはこだわりたい。おいしい葉ネギ(青ネギ)を!

40, 41

焼きおにぎり二種

半熟玉子と塩昆布のおにぎり

おにぎりは、頑固だ。
ずっと昔から、日本人の胃を満たしてきている。
あまりにも庶民的すぎるので、いつの日かその姿を変えてしまうんじゃないか、
と心配になることがある。
なぜなら、だれもがティーンエイジのときには、
当たり前すぎる自分自身に嫌気がさして、
一日に一度は自分以外の何者かになりたがっていたものだ。
でもおにぎりは、ホットサンドメーカーに押しこんで
「これでもか！」と焼いても、みずからの味をかたくなに守りつづける。
その精神力の持続に、ぼくは敬服するのだ。

材料：おにぎり、玉子、しょう油、塩昆布

どんなおにぎりでも
ホットサンドメーカーで焼けば、心が躍る。
しょう油をまぜた溶き玉子（好みでかつお節も）を
おにぎりのなかに流し込むと、
玉子かけご飯ふうが楽しめる。
塩昆布にぎりを焼くと、
昆布だしがご飯のすき間に甘く広がる。

42, 43

残りもの二色サンド

焼きそば&カレー

カレーというのは、つぎの日に残るのを見越して作る料理だ。
たいていの家では、カレーを多めに作るんじゃないかな？
明日にはもっとおいしくなっているぞ、という思いもこめて。
そして、残りものをはさんで焼く、というのはホットサンドの基本である。
とすれば、このふたつが出会わないわけがない。
それとは別に、残った焼きそばというのは、あまり心はずまない。
電子レンジで温めても、焼いたときのときめきはすでにない。
とすれば、これもまたホットサンドの出番なのである。

材料：カレー、焼きそば

ひとつのホットサンドメーカーで、ふたつの味

2枚のパンをそれぞれ半分に折り、別々の具をはさむ。こうすることで、ひとつのホットサンドメーカーで2種類のサンドを同時に焼くことができる。

パンをふたつ折りするときには、パンの外側に薄い切れ目を入れると割れることが少ない。パンのミミの内側にも軽く切れ目を入れると、形がととのいやすい。

44

ホットケーキでリンゴパイ

リンゴの薄切りをホットケーキの上に並べて

アップルパイを食べると、日曜日のけだるい朝とか、
しとしと雨の昼下がりを連想してしまう。
くしゃくしゃ髪の女の子が、
丈長のＴシャツを着てコーヒーマグを手に部屋を歩いている、そんな光景だ。
というわけで、調理にも気合いが入る。
いろんなアイデアが交錯したけど、やっぱり簡単がいちばん。
そこで、ホットケーキ生地にスライスしたリンゴを並べて、
両面を焼いてみた。

材料：ホットケーキミックス、玉子、牛乳、リンゴ、
シナモン、砂糖、蜂蜜、バター、バニラアイス

ホットサンドメーカーに
たっぷりのバターをしいて。
ほの部分はさらにたっぷり！

弱火で2分、片面を焼いたあと、
もういちどバターを塗って少し焼けば、さらにおいしい。

45

デザートブリトー

ブルーベリージャムとクリームチーズ

ブルーベリージャムとクリームチーズはよく似合う。
甘味と酸味。からみつくんだけど、なめらか。
しっかり感もあれば、あやふやさもある。
まろやかさもあれば、わずかなくどさもある。
そこで、このペアをクレープふうに巻いてみた。
クレープといっても、フラワートルティーヤを使い、
焼くことでデザートブリトーにしたのだ。
「ちょっとばかり男気のあるスイーツ」てのを作ってみたかったのだ。

材料：フラワートルティーヤ、ブルーベリージャム、クリームチーズ、バター

46

バナチョコサンド

バナナとチョコレートを
はさんで焼いてみる

甘いだけの食べものは口当たりばかりを追求して、
時代の色を反映していない。
というくだらない理由で、甘いものを食べなかった
時期がある（20歳のころの話だ）。
そんなある日の夕暮れ、彼女が食べていたバナナと
チョコレートのサンドウィッチをひと口もらったら、
「草野球でどこのチームにも入れてもらえない少年が、
土手にぽつんと座っている」という情景が、目に浮かんだのだ。
そのことを思い出したので、ホットサンドでも挑戦してみた。
情景が浮かぶ料理、というのは美しい。

材料：板チョコレート、バナナ

家でもおいしい
コーヒーが飲みたい。
ハンドドリップのコツは

ときに、思わず唸ってしまうようなおいしいコーヒーに出会うことがある。

横浜根岸の「スリーペンギンズ・コーヒー&ロースター」は、ぼくにとってはそんなお店のひとつ。カフェと自家焙煎コーヒーを販売している小さなお店だ。

店主の河村幸彦さんに、おいしいコーヒーの淹れかた、そのトップシークレットを聞いてみた。

「豆は新鮮なのを入手してください。淹れているときのふくらみが違います。それと、豆は自分で挽く方がいい。そうすれば、挽くときのかおりも楽しめます。ドリップは、はじめにいかにおいしい成分を引きだすか、がポイント。ゆっくりとていねいに、ぽたっぽたっとお湯を注ぎます。コーヒーを蒸らしながら。そして後半は、前半に出たおいしい『だし』をいかにいかすか。途中からはいい加減に、という感じで、さぁーと注ぎます。そういう意味では、ハンドドリップはあんがい飽きっぽい性格の人が向いてるのかもしれません。また、ドリッパーのなかのコーヒーを最後まで落としてしまわないことも大事。雑味やえぐ味が出てしまいます。」

自分でコーヒーを淹れると、かおりを三度楽しめる。豆を挽くとき、ドリップしているとき、そして飲むとき。

そのことを知ってからは、ゆったりと流れるドリップの時間も楽しめるようになった。

角切りにしたオレンジを微沸騰状態で3分ほど煮て、ジャムを作る。
煮汁と実にわけ、ホットケーキミックスとあわせていく。
輪切りオレンジとジャム入りホットケーキを弱火でじっくり焼けば、
うっとりケーキができあがる。

47

太陽のオレンジケーキ

オレンジの簡単ケーキ

横浜のカフェ『スリーペンギンズ・コーヒー&ロースター』の
なんちゃんがこっそり教えてくれたのが、これ。
お店でいろんなオリジナル・スイーツを作る彼女が、
ここでは「ぼくにもできそうな簡単なやつ」を考えてくれたのだ。
「まずジャムを作って……」と聞いたときは、「うわっ、面倒くさそう」
と思ったけど、やってみるとその行程もじゅうぶんに楽しめた。
焼きあがったときには、ホットサンドメーカーから小さな太陽が顔を
出したみたいで、部屋のなかが暖かい空気に包まれたのだ。

材料：ホットケーキミックス、オレンジ、砂糖、牛乳、レーズン、ラム酒

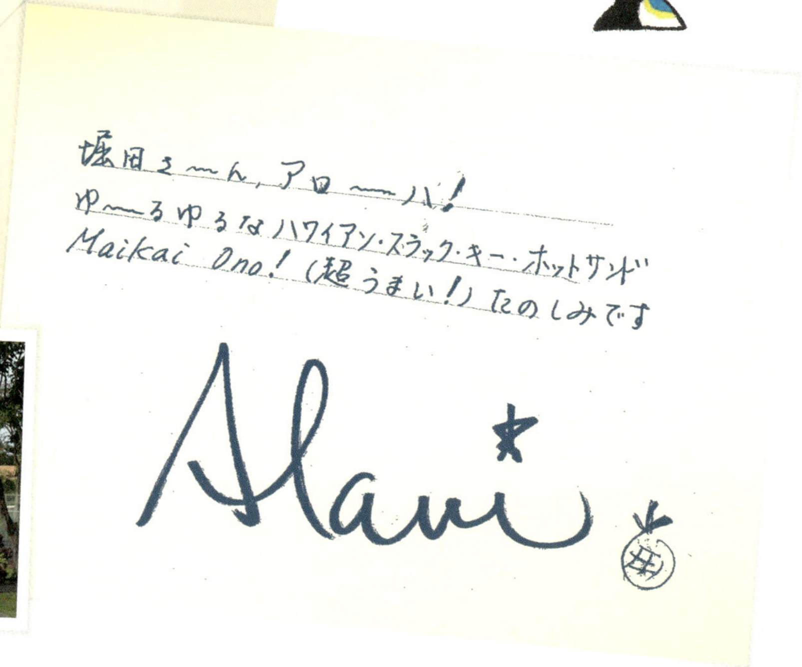
堀田さ〜ん，アロ〜ハ!
ゆ〜るゆるなハワイアン・スラック・キー・ホットサンド
Maikai Ono! (超うまい!) たのしみです
Alani

山内雄喜（ミュージシャン）
東京生まれ。大学卒業後、ハワイに渡り、レイ・カーネ氏に師事。カーネ氏の他、ギャビー・パヒヌイやサニー・チリンワースとの共演もある。帰国後は家業を本業としつつ、並行してミュージシャンとして活動する。アルバムのリリース、ハワイアンや沖縄音楽のアルバムへの参加、書籍の執筆、ライブ活動など、ハワイアンを軸にした活動は多岐に渡る。近年はスラック・キー・ギターの普及に特に力を注いでいる。ALANI の愛称で呼ばれるが、これはオレンジという意味で、師レイ・カーネからもらったハワイアン・ネームである。
http://alani.seesaa.net/

山内雄喜さんからの手紙

ひと口食べたら、もうハワイ気分。
身も心もスラックキーに（ゆる〜く）なってしまう。
そんなホットサンドが食べたい。
例えば、ヴィエナ・ソーセージ、
またはポーチギース・ソーセージがはいって、
パイナップル、マンゴーなど、
ハワイの代表的なフードが入ったホットサンド。
う〜ん、very ono!!（メチャうまい !!）

48

スラックキー・アラニ・サンド

材料：サトイモ、ベーコン、パイナップル、塩、コショウ

サトイモを薄く切り、ふたをして蒸すように弱火で炒める。それに炒めたベーコンとパイナップルをプラス。スラックキーなサンドのできあがり。

REPLY TO FRIENDS

山内アラニ雄喜さん、アローハ。

ぼくが、はじめてちゃんとしたハワイアンを聴いたのは、ライ・クーダーのアルバムでした。

それからは、ギャビー・パヒヌイを聴きあさり、スラックキーなギターにすっかり心奪われ、タロパッチ・チューニングでの練習にいそしんだものです。

もちろん、アラニ雄喜さんの数々のアルバムも聴きました。ぼくがいちばん好きなアルバムは、『Hawaiian Steel Guitar』（とはいっても、すべてのアルバムをもっているわけじゃないです。すいません）。

そこで、アラニ雄喜さんに食べてもらいたいのは、タロイモのホットサンド。ただし、タロイモのかわりに選んだのは、サトイモ。それにパイナップル（なので、リクエストからはかなりはなれてしまいましたが……）。

しかし、一度、食べてもらいたい。ぜひ。

Maikai Ono !

それぞれの個性をいかすため、
すべてを厚切りにした。
しかし、ギネスビールは
あまりお腹にたまる食べ物には似合わない。
ホットサンドにもブルースはある。

49

ヴァン・モリスンとヘンリー・ミラーへ

ブルーチーズとベーコンとホウレンソウをタマネギではさむ

ギネスビールに似合うホットサンドが作れないか、と考えた。
ライブを終えたヴァン・モリスンが、
ギネスを飲みながらつまむようなやつ。
で、いくつかの個性をぶつけてみることに。
さらには、見た目もふつうのホットサンドじゃつまらない。
片側はパンだけど、もう片側は厚切りのタマネギとした。
できたてにかぶりついたら、ヘンリー・ミラーが
「もういちど、ボヘミアン暮らしをしてみるかな」と
あの世からよみがえってきたのかと思うほどの、繊細と過激があったのだ。

材料：ライ麦パン、ベーコン、ブルーチーズ、ホウレンソウ、タマネギ、塩、コショウ

骨ごとパンにはさみたいところだが、
さすがにそれでは食べづらい。
骨抜きにされたスペアリブは、
存在感がぐっと薄れてしまう。残念ながら。

50

スペアリブのスローブルース

スペアリブの黒ビール煮とタマネギ

ミック・ジャガーが、スローなブルースを口ずさみ
体を揺らしながら入ってくる。
黒ビールで煮込んだスペアリブは、それほどの存在感がある。
がっつりとしたホットサンドを作ると、
どこか遠くへ旅立つような気分になる。
ぼくにとってのサンドウィッチは、旅の食べ物なのだ。
これは、大陸横断列車の窓から大草原を眺めながら食べたいサンドだ。
と、前のほうからミック・ジャガーが歩いてくる。
体を揺らしながら……。

材料：ライ麦パン、スペアリブ、タマネギ、カイワレダイコン、黒ビール、塩、コショウ

スライスチーズがなければ、
マヨネーズでさらなるジャンクを楽しみたい。

51

ジャンク・ジャンキー

ポテトチップスをはさんで焼けば

いまや死語かもしれないけど、1980年代の終わり頃「カウチポテト」なる言葉があった。
日本では「ポテトチップスを食べながらカウチ（ソファ）に寝転がり、
テレビやビデオを見る人たち」という解釈が一般的のようだけど、実のところは、ちょっと違う。
でもここでは、言葉の真意をあかそうとしているわけではない。
日本的解釈の「カウチポテト」という言葉を思い起こしたときに考えついたのが、
このジャンクなホットサンドだ。
でも、意外にいけるんだよな。これが。

材料：ポテトチップス（各種）、スライスチーズ

テキサスサンド

ビーフステーキのホットサンド

小学生のときテレビで見た西部劇『ローハイド』が、その後の少年の人生を決めた。
そう。少年は、大きくなったらカウボーイになる、と決心したのだ。
カウボーイたちは、毎日「今日も豆料理か」とコックに愚痴っていた。
旅のあいだは、干し肉と豆しか食えない生活だったのだ。
しかし、町に到着すると、カウボーイたちは電話帳のように分厚いステーキを食っていた。
ウイスキーを飲み、ひたすら肉ばかりを食っていたのだ。
野菜がきらいだった少年は、偏食を母親に怒られるたび、
「カウボーイは野菜なんて食べないんだ」と、小さくつぶやいた。
いつか地平線が広がる大地で牛を追って日々を暮らそう。そうすれば野菜を食べなくてすむ。
少年は本気で思っていたのだ。

サーロインステーキを
ミディアムレアで焼いた日、
「肉だけをはさんだホットサンドが
あってもいいじゃないか」と思ったのだ。

材料：ライ麦パン、ビーフステーキ、塩、コショウ、ニンニク

粒マスタードはどこまでも荒々しく、
厚切りハムは脂ぎとぎとが正しい「英雄」の気分であるが……。

53

ワーキングクラス・ヒーロー

厚切りハムと粗挽き粒マスタード

ティーンエイジのときに聴いたジョン・レノンの
「ワーキングクラス・ヒーロー」は、心の深いところへ響いた。
「苦々しい人生をうたっている」と感じたものの、
訳詞を読んでもその真意はわかるはずもなかった。
重たい曲調が、時代の気分だったのかもしれない。
ただ、これからは「労働者階級の英雄」を目指そう、
と本気で思ったことは覚えている。
ぼくにとって、厚切りのハムと粒マスタードは、
油で汚れた手や顔を思いおこす食べ物なんだ。

材料：厚切りハム、粗挽き粒マスタード、お好みでコショウも

子どものころ、「苦味のあるジャムなんて！」と、
マーマレードを考えたのは悪い人だ、と本気で思っていた。

54

マーマレードの朝

マーマレードとマーガリンで、チープシック

30数年前、片岡義男さんの小説『マーマレードの朝』を読んだ。
それからしばらくは、マーマレードのトーストがぼくの朝食となった。
壁際に高く積み重ねた雑多な本と、500枚近いレコード、
それにギルドのアコースティックギター以外はなにもない部屋で、
毎朝、彼女にもらったトースターで食パンを焼き、マーマレードをうすく塗って食べた。
マーマレードのホットサンドを作ったら、そんな青い日々を思い出してしまった。
また、しばらく「マーマレードの朝」を過ごしてみようかな。
ダージリンティーが似合う。

材料：食パン（パン・ド・ミー）、マーマレード、マーガリン

堀田貴之 Takayuki Hotta

1956年、大阪生まれ。
ホットサンド研究家を名乗ってはいるが、本人はブルースマンになりたがっている。
本職は、しがない文筆家。
著書に「バックパッキングのすすめ」(地球丸)、北海道一周シーカヤック旅後悔日誌「海を歩く」(山と渓谷社)、やれやれまたやってしまったわいの愚かな旅エッセイ「タルサタイムで歩きたい」(東京書籍)、雪山旅紀行「テレマークスキー漫遊奇譚～転がる石のように」(スキージャーナル社)などがある。

HP『ホットサンド物語』
http://hotsand.jp/

Staff

デザイン
石島章輝(イシジマデザイン制作室)

撮影
岡野朋之

イラスト
笹尾俊一

編集
沖田雅生

撮影協力
パディントンベア キャンプグラウンド(paddington-bear.com)
WILD-1 (www.wild1.co.jp)

special thanx to
KIKI、鈴木慶一、山内雄喜、吉本多香美

うつわ協力
吉澤良一(吉澤指物店)、鈴木浩(十文字工房)

どうもありがとう
柳尚子、大森弘恵、岡田美由紀(実業之日本社)、根本学(WILD-1)、五十嵐直人(WILD-1)、与茂雅之(PICA)、小出将司(PICA)、河村幸彦&南里(スリーペンギンズ)、今野尚子(かぜまち軒)、近持晶子(夢のなかの家事)、本村珠紀(満月むささび楽団)
そして、ぼくが作ったホットサンドを「おいしい!」といってくれたすべての人たち。

ホットサンド　54のレシピと物語《ものがたり》

2013年4月24日　初版第1刷発行
2015年7月24日　初版第2刷発行

著者　堀田貴之
発行者　増田義和
発行所　実業之日本社
〒104-8233　東京都中央区京橋3-7-5　京橋スクエア
【編集部】TEL03-3535-2393
【販売部】TEL03-3535-4441
http://www.j-n.co.jp
印刷　大日本印刷株式会社
製本　株式会社ブックアート

ISBN978-4-408-33500-1